Francisco Faus

A preguiça

6ª edição

Conheça nosso site

@editoraquadrante
@editoraquadrante
@quadranteeditora
Quadrante

São Paulo
2025

Copyright © 2004 Quadrante Editora

Capa
Provazi Design
Karine Santos

Dados Internacionais de Catalogação na Publicação (CIP)

Faus, Francisco
 A preguiça / Francisco Faus — 6ª ed. — São Paulo: Quadrante, 2025.

 ISBN: 978-85-7465-523-9

 1. Diligência 2. Preguiça 3. Vida cristã I. Título

CDD-241.3

Índice para catálogo sistemático:
1. Preguiça : Ética cristã : Cristianismo 241.3

Todos os direitos reservados a
QUADRANTE EDITORA
Rua Bernardo da Veiga, 47 - Tel.: 3873-2270
CEP 01252-020 - São Paulo - SP
www.quadrante.com.br / atendimento@quadrante.com.br

SUMÁRIO

A PREGUIÇA 5

DILIGÊNCIA 49

NOTAS 93

A PREGUIÇA

Um curso de doutrina católica. O conferencista entra na sala, senta-se à mesa e, encarando o público, anuncia: — Hoje, vamos falar sobre a preguiça.

Imediatamente um sorriso percorre o auditório, e os presentes entreolham-se com regozijo.

Talvez tenha sido também um sorriso a primeira reação do leitor ao ler o título deste caderno, e é possível que tenha folheado rapidamente as páginas e examinado o índice com divertida curiosidade.

Podemos ter a certeza de que nada disso teria acontecido se o tema fosse outro. Por exemplo: o orgulho, a ira, a inveja. Todos eles são assuntos que trazem o nome de um dos sete pecados capitais. Por que será então que só a preguiça, dentre os sete, nos faz sorrir?

Os pecados ou vícios capitais têm este nome — «capitais» — precisamente por serem cabeças (*capita*, em latim) de muitos outros vícios e pecados. São como que as raízes que o egoísmo lança no mais profundo da alma, e que fazem irromper, como plantas peçonhentas, múltiplas ramificações.

Não é preciso insistir muito, por exemplo, acerca dos efeitos, dos ramos amargos da soberba: discórdias, arrogância, ódios e desprezos, humilhações... Nada disso, certamente, faz sorrir ninguém.

Da mesma forma, ninguém se regozija ao pensar nos frutos azedos da ira (brigas, agressões, divisões, injúrias) ou nos da inveja (críticas ácidas, deslealdades, inquietações constantes) ou ainda na ruína da saúde ou do lar, que com frequência é o resultado das desordens da gula (embriaguez), da avareza e da luxúria.

Mas, quando pensamos nas ramificações da preguiça, não conseguimos apagar de todo aquele sorriso inicial. Parecem ter qualquer coisa de cômico, e ousaríamos dizer até de simpático: correrias matutinas rumo ao emprego, por não se ter acordado na hora certa; cenas de comedieta italiana entre a mulher e o marido, que se entrincheira na poltrona e no jornal para não ter que ajudar; artes de «cola» em estudantes pouco afeiçoados ao trabalho...

Certamente podemos avistar alguns ramos mais retorcidos da preguiça, perante os quais o sorriso murcha: vidas atoladas na mediocridade, por não terem sabido esforçar-se e trabalhar a sério; constante instabilidade de empregos no profissional irresponsável; amarguras causadas por filhos cuja educação os pais descuraram... Tudo isto nada tem de engraçado.

Pois bem, é *isto*, precisamente, o que nos pode ajudar a entender o que significa o vício capital da preguiça, vício de fundo — como os outros seis pecados capitais — que, brotando da raiz do egoísmo, corrói a grandeza moral do homem.

As confusões, neste tema, procedem de que, de modo imediato, a palavra preguiça nos sugere pensar naquilo que, benevolamente, costumamos chamar de *preguicinhas*. Parecem-nos apenas minúcias, fragilidades próprias da condição humana, sempre desculpáveis. Porém, entre as pequenas preguiças e a preguiça sem diminutivos, vai uma grande distância.

O que é a preguiça?

Existe uma definição muito simples de preguiça, com a qual é fácil concordar: «a resistência ao esforço e ao sacrifício». Com efeito, o preguiçoso não tem um ideal de perfeição esforçada, mas de facilidade. Mais do que o bem, move-o a vantagem. Podendo seguir uma linha cômoda, não se esforçará por subir a encosta íngreme do aprimoramento, da perfeição.

O preguiçoso contentar-se-á com «despachar» as tarefas e responsabilidades, sem se importar em deixá-las acabadas. E, à força de se poupar egoistamente ao esforço, chegará a tornar-se um *virtuose* na arte lamentável de contornar os deveres, de «dar um jeito» — como se diz popularmente — e de outras tantas manhas da moleza.

Será que percebemos o vírus oculto, que anda emboscado por trás dessas atitudes e comportamentos? É, nem mais nem menos, a fuga do ideal — da perfeição —, a deserção do amor. E essa constatação é importante para penetrarmos no âmago da preguiça como pecado capital.

Há duas formas possíveis de situar-se perante a vida e as suas responsabilidades:

— pode-se encará-la como uma missão — grande, bela e árdua —, que Deus propõe a cada um de seus filhos, e pela qual vale a pena gastar as melhores energias;

— ou pode-se encará-la com a mentalidade do aproveitador. Para este, o que importa é passar bem, usufruir os prazeres da vida, fazer o imprescindível e não complicar-se. Assemelha-se a um mata-borrão que, quanto mais absorve — quanto mais a sua alma se embebe de egoísmo —, mais se estraga. É característica desses tais «o comodismo, a falta de vibração, que impelem a procurar o mais fácil, o mais agradável, o caminho aparentemente mais curto, mesmo à custa de concessões no caminho da fidelidade a Deus»[1].

Com muito acerto escreveu um filósofo cristão dos nossos dias que «a preguiça significa, antes de mais nada, que o homem renuncia *à* altura da sua dignidade: não quer ser aquilo que Deus quer que seja»[2]. E, nesta dolorosa renúncia, se destrói.

Desistir dos ideais é desistir de sermos «nós mesmos». Porque cada um de nós só pode realizar-se de verdade na medida em que luta por ajustar-se àquilo que Deus lhe propõe como meta na vida. Ou porventura pensamos que Deus, Pai e Amor, Sabedoria infinita, nos lançou no mundo às cegas, sem ter em sua mente um plano para nós?

Furtar-se a este plano de Deus, que é a sua Vontade e o nosso Ideal, é a mais radical das frustrações. Na vida, o que nos desencanta não são as pequenas ambições insatisfeitas — no plano do sucesso e do dinheiro, por exemplo —, mas os ideais abandonados ou atraiçoados. Deus ofereceu-nos uma oportunidade, e nós a recusamos. *Quantas vezes Eu quis* — dizia Cristo com lágrimas, contemplando Jerusalém — *e tu não quiseste!* (Mt 23, 37).

Uma pista para desmascarar a preguiça

Ouvi contar há tempo, a um homem de Deus, a história verídica de um pastorzinho que todos os dias acompanhava o pai, ajudando-o a conduzir o gado para o pasto. Queimava-o o sol e cansavam-no as longas caminhadas, um dia após outro. Aconteceu que chegaram à fazenda uns estudantes para passar as férias. Acordavam tarde, passeavam longamente, prolongavam conversas à sombra das árvores.

Certo dia, um desses estudantes, no meio de um passeio vespertino, aproximou-se do garoto, que voltava cansado do pastoreio.

— Você — perguntou —, que gostaria de ser quando crescer?

A resposta, após um relance ao moço e outro à boiada, não se fez esperar:

— Eu gostaria de ser ou estudante ou boi.

Não andava pelas alturas, aquele menino. Queria uma vida cômoda: o *doce far niente* do estudante em férias ou a paz do boi ruminando no pasto. Mas será que nós andamos por maiores elevações?

Uma das formas mais comuns da preguiça, sem diminutivo, é justamente a repugnância pelas alturas espirituais e morais. É o que poderíamos chamar a *ambição da mediocridade*. Quer-se é viver bem, mas sem exageros de esforço nem loucuras de idealismo. Ser bom, ser um «cristão médio», com a sua dose medida de religião, vá lá. Mas levar o cristianismo a sério e em plena coerência com a fé, isso considera-se fanatismo.

É muito interessante verificar que a sabedoria dos antigos, já desde os primeiros séculos do cristianismo, ao enfocar a preguiça, contemplava quase que exclusivamente o seguinte conteúdo: a resistência a atingir a altura espiritual e moral própria de um filho de Deus, de um cristão.

Na linguagem clássica cristã (de Cassiano a São Tomás de Aquino, passando por São Gregório Magno), o vício capital da preguiça era designado com o nome de *acedia*. A acedia é fundamentalmente uma tristeza, uma tristeza ácida e fria — daí o nome —, que invade a alma ao pensar nos *bens espirituais* — na virtude, na bondade, no amor a Deus e ao próximo —, precisamente porque não são fáceis de alcançar nem de conservar. Exigem esforço, renúncia, sacrifício. E o egoísmo se defende. A repugnância que sente por tudo quanto é abnegação e doação generosa vai criando depósitos azedos no coração, e acaba transferindo para Deus e para os próprios bens árduos que Deus pede uma fria antipatia, que pode terminar em aversão: «um tédio que acabrunha», diz São Tomás[3].

É natural que estes mesmos autores insistam no fato de que a acedia se opõe frontalmente àquilo que é a essência da perfeição cristã: o amor. A preguiça detesta o que o amor abraça, entristece-se com o que alegra o amor.

É possível que já tenhamos tido, alguma vez, a experiência desse tipo de tristeza, ao pensar em Deus e nos ideais cristãos, e nos tenhamos perguntado: por que Cristo exige de todos os seus seguidores que se neguem a si mesmos e tomem a cruz (cf. Mt 16, 24)? Por que insiste na necessidade de perder a vida — de entregá-la — para achá-la (cf. Jo 12, 25)? Por que assinala como lei áurea do cristianismo um amor ao próximo tão exigente, que deve ser um constante «servir e dar a vida» pelos outros (cf. Mc 10, 5)? Não seria mais agradável um programa suave, sem cruzes nem renúncias, feito de bondades descomprometidas?

É bem possível que, sem reparar, tenhamos fixado como ideal de vida a honestidade hipócrita do fariseu — não mato, não roubo, pago o dízimo —, aliada à frase que se esgrime como uma fórmula de auto canonização: «Não faço mal a ninguém».

Basta uma leitura superficial dos Evangelhos para concluir que isso não basta. *Sede perfeitos, assim como vosso Pai celestial é perfeito* (Mt 5, 48). *O primeiro de todos os mandamentos é este: amarás o Senhor teu Deus com todo o teu coração, com toda a tua alma, com todo o teu entendimento e com todas as tuas forças. O segundo é este: amarás o teu próximo como a ti mesmo* (Mc 12, 29-31).

Quem quiser seguir a Cristo tem que renunciar à vida fácil. Não se pode entrar no Reino de Deus sem um empenho esforçado: *O reino dos Céus* — diz Cristo — *é arrebatado à força e são os violentos* (os que lutam energicamente) *que o conquistam* (Mt 11, 12).

Iludem-se os homens quando pensam que levar Deus a sério vai perturbar-lhes a vida, metendo-os num calvário de compromissos, exigências e complicações. Quando, na realidade, o que complica e estraga a vida, com a maior perturbação que existe — o vazio —, é exatamente o contrário: o medo de levar Deus a sério, a apreensão que faz fugir dos compromissos do ideal cristão.

Nunca é por ter-se dado ou sacrificado que um homem se esvazia, mas por ter-se poupado. É dolorosa como uma queimadura a constatação de que os anos vão passando e o vazio vai aumentando. São duras certas horas de solidão, em que parece que o coração reclama: — Não sei o que está acontecendo comigo, falta-me alguma coisa e não sei dizer o que é.

A única coisa que acontece é que não vivemos a «nossa» vida — o que ela deveria ser —, mas um substitutivo rebaixado ou uma falsificação. Somente seremos felizes quando realizarmos a Vontade de Deus a nosso respeito, porque só então é que nos encontraremos a nós mesmos.

Aqui temos, pois, uma primeira pista para descobrir a preguiça de fundo: a renúncia à altura. Assim resume

Pieper, com traços vigorosos, essa atitude: «A preguiça, como pecado capital, é a renúncia mal-humorada e triste, estupidamente egoísta, do homem à «nobreza que obriga de ser filhos de Deus»[4].

Uma segunda pista

Se a palavra «bitolado», da nossa linguagem familiar, tem algum sentido, este sentido adquire feições, olhos e mãos nos personagens — habitantes de minúsculos asteroides — que o Pequeno Príncipe[5] visita na sua viagem sideral.

O acendedor de lampiões vive num mundo reduzido a um lampião esguio, que deve acender e apagar sem descanso, a cada volta do seu asteroide. O bêbado povoa solitariamente um pequenino mundo concentrado na obsessão por garrafas cheias e garrafas vazias. Para o rei, viver é poder dizer de boca cheia (quando pode): «Ordeno-te»...

Acontece que o planeta Terra está povoado por inúmeros «homens de asteroide». Pessoas muito atarefadas, mas inteiramente polarizadas em uma ou duas ocupações, a que reduzem, na prática, todo o seu «mundo».

Começávamos estas páginas referindo-nos aos que sorriem ao ouvirem falar de preguiça. Mas esses mesmos — talvez sejamos nós — sentir-se-ão muito aborrecidos se a referência à preguiça lhes for espetada com endereço pessoal: — Você é um preguiçoso! Uma onda quente de revolta subirá à cabeça e à garganta: — Eu, preguiçoso? Mas se não tenho nem um minuto livre, se trabalho sem folga nem férias... Precisaria, em todo o caso, é de um pouco mais de descanso...

Uma pessoa pode ser ocupadíssima… e ter uma profunda preguiça, a preguiça do homem «bitolado», isto é, daquele que reduziu o ideal, a vida e o dever a apenas um ou dois asteroides. Estes podem ser, para um homem, o trabalho profissional e o cuidado das condições materiais da família; ou, se se trata de uma mãe de família, a atenção do lar e dos filhos, e um emprego de meio-período que permita reforçar o orçamento familiar; ou ainda, no caso do modesto estudante, a frequência às aulas, acrescida do serviço num banco.

Todas essas pessoas, trabalhadoras e responsáveis, podem estar padecendo, sem saber, da doença da *preguiça setorial*. Há setores da vida em que realmente se empenham, produzindo muito; mas há outros, muitas vezes mais importantes, que deixam abandonados como o campo do preguiçoso de que fala a Bíblia: *Passei perto da terra do preguiçoso, junto à vinha de um homem insensato: eis que por toda a parte cresciam abrolhos, urtigas cobriam o solo e o muro de pedra estava por terra* (Pr 24, 30).

Não há dúvida de que o quadro completo da missão de um homem ou de uma mulher não se esgota na profissão e na família, por mais que estes sejam setores importantíssimos, primordiais, da sua vida. Deve haver algo mais. Por acaso pode considerar-se realizado alguém que deixou completamente estéril, ou quase, o campo das suas relações com Deus e da sua formação cristã? Pode pensar que cumpre a sua missão aquele que vive de costas para as necessidades espirituais e materiais do próximo?

Seria muito cômodo anestesiar a consciência, pensando: «Não perco tempo, trabalho muito, vivo para o lar...», e fazer desses deveres mais ou menos bem cumpridos um sedativo para a alma, esquecida dos outros deveres que não cumpre: deveres para com Deus, deveres sociais, responsabilidades em face dos problemas da comunidade humana. Sempre paira sobre os cristãos mornos o que alguém denominou «o perigo das coisas boas»[6]: deixar-nos embalar pela satisfação de umas tantas coisas boas que já fazemos, para acobertar o vazio de outras tantas coisas boas que não fazemos, e deveríamos fazer.

Não é infrequente, neste ponto, ouvir comentários como o do homem casado que se gaba da luta extenuante que se impõe para sustentar a família, mas não se apercebe de que, desculpando-se com a fadiga do trabalho, nem sequer toma conhecimento do dever de educar os filhos, de conversar com eles, de formá-los. Não raro, é o mesmo tipo de pai que estufa o peito ao contar com quanto sacrifício conseguiu dar aos filhos estudos em colégios de nível; e, ao mesmo tempo, nada fez para lhes proporcionar uma boa formação religiosa e moral, muito mais importante que um brilhante aprendizado de álgebra, biologia ou história.

Essas deficiências são reais e frequentes. É possível que, ao reconhecê-las, sintamos desejos de retrucar: «Tudo isso é certo, mas onde encontrar tempo para tantas coisas? O meu tempo não dá para mais...».

Como um comentário desse tipo parece objetivo, será oportuno abordar um outro aspecto da preguiça, que pode esclarecer essas aparentes contradições.

As máscaras da preguiça

Estamos, nestas páginas, deixando de lado as modalidades mais grosseiras da preguiça — sombra e água fresca —, para concentrar a atenção na preguiça sutil, de fundo, que — como já sabemos — pode estar unida a uma grande boa vontade, a muitas ocupações e até à agitação.

Pois bem, uma das características dessa sutil preguiça é a sua rara habilidade — verdadeiro «engenho e arte» — para se desculpar ou se justificar. A preguiça mostra-se uma artista consumada no uso de diversas máscaras, com as quais se disfarça, apresentando por fora o rosto do dever cumprido, da laboriosidade ou da responsabilidade.

Vale a pena, por isso, passar a examinar algumas das máscaras mais comuns de que a preguiça costuma valer-se.

A máscara da atividade. Antes nos referíamos ao espanto com que pessoas de grande atividade questionam a acusação de preguiça: «Eu, preguiçoso?». E esquecem-se de que o ativismo, o fato de ter o dia atulhado de ocupações e tarefas e agitado pela «correria», pode ser um grande álibi da preguiça.

«Não tenho um minuto livre», repete-se constantemente. A vida parece um quebra-cabeças, cujas peças jamais se poderão encaixar, porque o tempo é limitado. «Eu bem que quereria fazer tudo, arranjar tempo para toda a gama dos deveres, mas infelizmente não posso».

Não posso. Estas palavras não são novas. Lembram-nos alguma coisa muito antiga, uma parábola saída dos lábios de Cristo.

Um homem deu uma grande ceia e convidou a muitos. A parábola começa com uma clara luz: Deus é esse «homem», que prepara um grande convite de Amor — uma vida de Amor na terra e depois na eternidade —, e chama à porta dos corações dos homens: *Vinde, tudo já está preparado*. Está pronto o plano que preparei para ti, a missão que te proponho realizar no mundo.

Mas o convite do Amor não obtém resposta: *Todos à uma começaram a escusar-se*. Todos. E deram as suas razões, razões objetivas e cheias de sensatez: *Comprei um campo e preciso ir vê-lo*;

rogo-te que me dês por escusado. Disse outro: Comprei cinco juntas de bois e vou experimentá-las; rogo-te que me dês por escusado. Disse também um outro: Casei-me e por isso não posso ir (Lc 14, 16-20).

É o retrato falado dos nossos *não posso*: não podemos assumir determinadas responsabilidades e deveres cristãos... porque andamos muito ocupados.

O Senhor não aceita as desculpas. Para Ele não passam de enganos, máscaras da preguiça, que foge de maiores compromissos de amor porque não quer complicações. *O pai de família —* acrescenta o Evangelho *— ficou irado* (Lc 14, 21). Uma expressão forte, que convida à reflexão. Deus não aceita as nossas desculpas, e isto porque o *não posso*, a maior parte das vezes, significa simplesmente um *não-quero*.

A preguiça começa por não querer pensar. Há deveres sobre os quais — por medo do sacrifício — «nem se cogita». Arremedando a frase «viver é muito perigoso», do protagonista de *Grande Sertão: Veredas*[7], poderíamos dizer que, para alguns, «pensar é muito perigoso». Resistem a enfrentar seriamente alguns deveres, porque podem vir a impor-se-lhes como uma obrigação de consciência. Por isso, preferem tapar a vista com um pano — a afirmação prévia de que «não dá» —, antes de terem sequer começado a refletir.

Deus, pelo contrário, diz que dá. Tudo aquilo que é expressão da vontade divina, do ideal do cristão, é possível. Depende da nossa boa vontade, ou melhor, da nossa vontade boa, disposta a abraçar e a amar, sem regatear sacrifícios, a vontade de Deus.

Todos temos a experiência de que o nosso *querer* torna-se poderoso quando há um verdadeiro interesse, ou quando há um verdadeiro amor.

É surpreendente verificar o que acontece, por exemplo, com certas pessoas agoniadas pela «absoluta falta de tempo». Um belo dia, o amigo, aflito pelo excesso de trabalho, comunica-nos com expressão radiante: «Sabe que estou fazendo um curso de alemão? É ótimo. São *só* quatro dias por semana, das sete às dez da noite. E, depois, é quase certo que vou arranjar um emprego numa multinacional...» O ouvinte sente vontade de dizer: «Mas, se há um mês você me disse que não tinha nem meia hora por semana para ensinar o catecismo a seus filhos, e que lhe seria quase impossível conseguir cinco minutos diários para ler o Evangelho...»

Produziu-se um milagre, por obra e graça do interesse. Quem não «podia» fazer o que, na realidade, não interessava ao seu coração egoísta, agora pode dedicar sem problemas 12 horas semanais à gramática alemã.

Será preciso lembrar os «milagres» que, neste mesmo âmbito do tempo, é capaz de realizar o amor? Uma pessoa apaixonada cria tempo, inventa-o, multiplica-o... e acaba «encontrando» tempo para estar com quem ama.

Seria muito bom que cada um de nós revisasse, sinceramente, o que há por trás dos nossos *não posso*. Não demoraríamos a descobrir, com evidência, que se trata de uma falta de interesse ou de uma falta de amor. Não vai ficando, assim, mais clara a estreita relação da preguiça com o «amor do bem» de que tanto falam os clássicos cristãos?

A máscara da ordem. Para começar, não nos esqueçamos de que a ordem é uma virtude, e de que essa virtude é arma específica de combate contra a preguiça. Sobre a virtude da ordem, falaremos mais na segunda parte. Agora, detenhamo-nos na ordem viciada, que se transforma em máscara da preguiça.

Para isso, pode ajudar-nos reparar em que há dois possíveis tipos de ordem, a que poderíamos chamar, respectivamente, *ordem defensiva e ordem oblativa.*

Ordem defensiva. Há pessoas que fazem da ordem uma armadura de defesa pessoal. São muito organizadas, até nos mínimos detalhes. Aproveitam bem o tempo. Mas o seu esquema é intocável. Fabricaram para si uma espécie de trilho de aço, por onde deslizam mecanicamente, e não toleram que nada interfira com os planos que traçaram, tão egoístas e tão cômodos.

Pobre da irmãzinha caçula que se atreva a pedir esclarecimentos sobre um teorema ao irmão mais velho, modelo de seriedade escolar, durante o sacrossanto «horário de estudo». Que se cuide também a esposa ousada, que timidamente peça ao marido que se desvie um instante e pare na quitanda, afastando-o do trilho da sua intocável rotina. Ou o filho, que sente necessidade de comentar com o pai um acontecimento importante de que acaba de ser protagonista, enquanto o pai está realizando a sagrada tarefa de colar-se ao televisor, porque, após um dia estafante, «tem o direito de descansar um pouquinho» (um pouquinho, que podem ser horas e horas inúteis diante do aparelho).

A ordem não pode ser uma barricada defensiva para ter a vida mais tranquila. A ordem, que é virtude, é um meio para assegurar uma entrega mais perfeita ao cumprimento dos deveres de cada dia, deveres que, sem ordem, sem previdência, sem uma sequência prudente e organizada, ficariam esquecidos ou prejudicados.

Essa é a *ordem oblativa* (de oblação: oferenda, doação). Uma ordem que é reflexo da disposição generosa do coração: quer fazer e dar-se mais e melhor. Por isso, quando fora da ordem prevista se apresenta a oportunidade de fazer coisas de mais valor — e que há de mais valioso do que dar-se, com amor, ao próximo? —, a alma generosa não hesita: sai do seu trilho e atende a esse apelo do amor com alegria. Segue a ordem de Deus — a que Deus vai sugerindo —, consciente de que é melhor do que a sua, sem ver interferências, sobrecargas ou perturbações nesses chamados divinos que lhe modificam os planos.

A máscara do cansaço. Além da máscara da falsa ordem, a preguiça utiliza-se habilmente da máscara do cansaço, para proclamar com a consciência tranquila: «Não posso mais, não aguento mais.»

A fim de percebermos melhor os contornos dessa máscara, penetremos por uns instantes — a título de exemplo — na intimidade de um apartamento imaginário, após o expediente de trabalho.

O chefe de família chegou, curvado sob o fardo do dia, com uma palidez que inspira compaixão e uma carranca que sugere distâncias. Desaba na poltrona, pega no jornal e sussurra com um fio de voz: «Estou exausto, podia trazer-me os óculos?». Nessa mesma hora toca o telefone, e a custo o protagonista se arrasta até o aparelho: «Alô!... Como é? Mas vocês arranjaram mesmo o campo do Clube Tal? E eles vão ligar a iluminação!... Não, não! É para já, vou voando!»

Num instante a família descobre, espantada, que o chefe do lar tem as faculdades do Superman: um novo homem dinâmico surge na sala, apanha chuteiras e outros apetrechos, e se atira ao elevador, enquanto comenta brincalhão: «Neste time de amigos, há um senhor de 65 anos que corre o tempo todo pelo campo. Idade não é documento...»

A câmera indiscreta poderia ter focalizado também a dona de casa, e a cena filmada seria muito parecida, apenas com a diferença de que o incentivo, em vez de ser um bom jogo de futebol, poderia ser «uma liquidação de roupas literalmente fabulosa e a preços incríveis». Bastaria esta frase mágica para fazê-la deixar de lado muitos cansaços.

O cansaço é uma coisa muito especializada. Sempre que se pensa nele, é muito conveniente perguntar: «Cansaço, para que coisas?» Porque todos somos especialistas em determinados cansaços — cansaço «para» rezar, estudar, atender os desejos dos outros, responder cartas etc. —, que não passam de máscaras da preguiça.

E é que, ao lado da fadiga real, produzida pela sobrecarga de verdadeiros esforços, há uma outra fadiga, um outro cansaço, produzido pelo afrouxamento da fibra moral. Este último — a fadiga da alma — é o cansaço que invade os que cumprem os deveres de má vontade, sem amor; é o cansaço dos que vivem reclamando por tudo e por nada, sonhando sempre com situações ideais que jamais irão dar-se; dos que não querem sacrificar--se; dos preguiçosos, em suma, daqueles a quem o bem, o amor e o dever enfastiam, porque exigem sacrifício.

A máscara dos bons desejos. Na Bíblia, no livro dos Provérbios, encontra--se uma frase breve, que tem muita substância: *Os desejos matam o preguiçoso* (Pr 21, 25).

Existem preguiças que se manifestam por uma recusa sumária: não quero, não posso. Mas há outras que se enfeitam com as vestes dos bons desejos, desejos ineficazes, que nunca chegam a traduzir-se em realidades.

Não é que a pessoa «não queira». Mas também não «quer». Somente *deseja*. *Quer e não quer o preguiçoso*, diz ainda o livro dos Provérbios (Pr 13, 4).

O desejo-máscara é mais um truque da preguiça para enganar a consciência. Aos imperativos da consciência — deves fazer, deves dar mais, deves enfrentar isto ou aquilo —, a preguiça responde, com aparente sinceridade: «Sim, é mesmo, eu desejaria tanto fazer isso tudo...»

Se prestarmos atenção, perceberemos que o tempo verbal que a preguiça prefere é o condicional — quereria, desejaria —, nunca o presente — quero! Já há muitos séculos, um dos mais antigos teólogos da Idade Média, Rábano Mauro, formulava a seguinte definição da preguiça: «torpor da mente, que negligencia *começar* a prática do bem»[8].

Desejos condicionais. As «condições» que impedem o tempo presente, e portanto a ação, costumam ser de dois tipos.

Em primeiro lugar, o bom desejo esbarra com a chamada «falta de jeito». Nós, que somos habitualmente tão vaidosos, e prezamos as nossas qualidades acima do seu valor, subitamente nos sentimos invadidos por uma estranha humildade: «Gostaria tanto de fazer meditação bem feita, de realizar apostolado, de difundir a doutrina cristã, mas infelizmente não tenho jeito, não nasci para isso».

Alguém um tanto rude sentir-se-ia tentado a comentar: não é falta de jeito, é falta de vergonha. Mas como isso é menos delicado, será melhor dizê-lo de outra forma: é falta de vontade, de sinceridade.

Todos temos «jeito» — ou podemos ganhar «jeito» — para as virtudes, para o bem, para as coisas que pessoalmente Deus nos pede. Nesta matéria, pode-se dizer também que a função cria o órgão. Basta começar, basta iniciar sinceramente o esforço, e a capacidade aparece. Será maior ou menor, mas sempre será útil e eficaz. Principalmente porque Deus não deixa nunca de auxiliar a quem se esforça com boa vontade. Também os antigos mestres da teologia cunharam um adágio a esse respeito: «Deus não nega a graça a quem faz o que dele depende».

Em segundo lugar, tão perigosa como a «falta de jeito» é a desculpa de quem sempre espera pela situação, a época ou as circunstâncias ideais para levar à prática os seus bons desejos.

Esse afirma com convicta persuasão que quer, que quer mesmo. Agora, porém, não é o momento propício para levar à prática o desejo. Quando mudarem as circunstâncias e houver condições favoráveis, então sim.

«Agora — diz o preguiçoso — estou com tantos problemas na cabeça, que se pegasse num livro de formação cristã, com o propósito de dedicar todas as noites quinze minutos à sua leitura, não aproveitaria nada. Quando esta azáfama acalmar, então...»

«Agora — afirma outro —, ainda não me sinto em condições de fazer uma boa confissão. Deixe que eu amadureça, fortaleça as minhas resoluções, que ganhe mais certeza de não reincidir, e então...» Então? Esquece-se de que não há nada tão forte e eficaz quanto a graça do Sacramento da Penitência, para robustecer a vontade com o vigor da graça divina e permitir a superação dos problemas.

«Agora? — perguntará um terceiro. — Será que não percebe que estou sob a pressão do cursinho e os apertos do vestibular? Vamos deixar para o ano que vem, porque agora não conseguiria levar a sério a tarefa que me propõe...»

Agora! Acontece, porém, que o tempo real se chama sempre *agora*. Quem adia, recusa. O tempo ideal, o momento realmente bom, não chega jamais para o preguiçoso.

São transparentes, neste sentido, os seguintes pensamentos do livro *Caminho*: «Amanhã! Algumas vezes, é prudência; muitas vezes, é o advérbio dos vencidos». «Porta-te bem ‹agora›, sem te lembrares de ‹ontem›, que já passou, e sem te preocupares com o ‹amanhã›, que não sabes se chegará para ti». «... ‹Agora› não é demasiado cedo... nem demasiado tarde»[9].

Uma grande parte da nossa vida se evapora em desejos irrealizados, porque a preguiça faz confundir o *tempo propício* com o *tempo cômodo*. Tempo propício, tempo oportuno, é o que Deus vai marcando. Quando Ele nos inspira um bom desejo, quando acende uma nova luz na alma, esse é o momento propício para começar — quanto antes —, porque é a hora da graça divina. Protelar o começo, à espera do momento mais cômodo, é matar oportunidades e garantir esterilidades.

Só quando nos convencermos de que o «bom momento» é quase sempre o «mau momento» — aquele que a nossa preguiça julga mau — é que cumpriremos a Vontade de Deus e produziremos frutos. Com muita sensatez, São Gregório Magno sentenciava: «Quando não queremos fazer oportunamente as coisas que podemos, pouco depois, quando queremos, já não podemos mais»[10].

Um relance em perspectiva para a parcela de vida que já gastamos talvez possa ajudar-nos a compreender a importância da prontidão na realização dos bons desejos. Um balanço do passado pode fazer-nos entender o perigo de que a vida vá ficando como um grande quarto de despejo, em cujas prateleiras se amontoam, como frascos quebrados, inúmeros bons desejos que a preguiça inutilizou.

E com estas considerações, colocamos um ponto-final ao exame das máscaras da preguiça. Resta-nos agora mudar o ângulo das nossas reflexões e perguntarmo-nos pelos remédios da preguiça. Naturalmente, o remédio de todo vício é sempre uma virtude. Qual é, então, a virtude específica que se opõe à preguiça?

DILIGÊNCIA

O antídoto da preguiça

Se abrirmos o pequeno catecismo da nossa Primeira Comunhão, é quase certo que encontraremos uma pergunta acerca dos pecados capitais, seguida da lista dos seus sete nomes. E, a seguir, uma outra pergunta esclarecerá quais são as virtudes opostas aos vícios capitais. Nessa segunda pergunta, estarão impressas certamente estas três palavras: *contra preguiça*, *diligência*.

A diligência é o antídoto específico da preguiça. Onde a preguiça cava um abismo, a diligência ergue uma montanha. E o que é a diligência?

Georges Chevrot, no seu livro sobre «As pequenas virtudes do lar», reproduz, com muito bom humor, o seguinte diálogo. Um garoto, ouvindo falar em diligência, mostra logo com um brilho nos olhos a sua sabedoria histórico--cinematográfica:

— A diligência — diz — era uma carruagem puxada por cavalos, que se usava no faroeste antes de haver automóveis...

— Muito bem, meu rapaz, você sabe muito — retruca o pai —; também deve saber que lhes foi dado esse nome porque iam muito depressa. Para a época, evidentemente[11].

Os pais quase sempre têm razão. Mas, neste caso, o pai da história, ao aprofundar na explicação, deu uma pequena escorregadela.

Pode ser que, àqueles trambolhos rolantes, acostumados a fugir dos índios nos desertos do Arizona, tivessem dado o nome de diligência em homenagem à sua rapidez. Mas o que é certo é que a palavra diligência, na sua origem, nada tem a ver com pressa ou velocidade.

Na realidade, diligência é uma palavra que vem diretamente do verbo latino *diligere*, que significa *amar*. De modo que, na língua materna do Lácio, *diligens* (diligente) significava *aquele que ama*.

Isto é da maior importância para o tema que nos ocupa. Dizíamos que a acedia — a preguiça — é o contrário do amor, pelo fato de sentir aversão e tristeza por aquilo mesmo que atrai e alegra o amor: o bem, mesmo que seja árduo e difícil.

Em confronto com a preguiça, a virtude da diligência consiste no carinho, alegria e prontidão (coisa diferente da pressa) com que pensamos no bem e nos prontificamos a realizá-lo da melhor maneira possível.

Há descrições da diligência, mais ricas de conteúdo, do que a contida numa das homilias de Mons. Escrivá, que transcrevemos a seguir:

«Quem é laborioso aproveita o tempo (...). Faz o que deve e está no que faz, não por rotina nem para ocupar as horas, mas como fruto de uma reflexão atenta e ponderada. Por isso é diligente. O uso normal dessa palavra — diligente — já nos evoca a sua origem latina. Diligente vem do verbo *diligo*, que significa amar, apreciar, escolher alguma coisa depois de uma atenção esmerada e cuidadosa. Não é diligente quem se precipita, mas quem trabalha com amor, primorosamente»[12].

Se quiséssemos retratar o anti-preguiçoso típico, é bem provável que imaginássemos a figura de um personagem acelerado e febril, um incansável trabalhador impelido por uma sorte de movimento contínuo. E, no entanto, não é assim. É mais fácil encontrar agitados entre os preguiçosos que entre os diligentes. Paradoxalmente, a diligência está — num certo sentido — mais perto do «devagar», e a preguiça mais perto do «depressa». Mas esse «certo sentido» precisa de uma explicação.

Reparemos que as palavras de Mons. Escrivá, acima citadas, esclarecem que uma pessoa é diligente quando aproveita o tempo «como fruto de uma reflexão atenta e ponderada»; recordam, ao mesmo tempo», que só há amor — diligência — quando se sabe «apreciar, escolher alguma coisa depois de uma atenção esmerada e cuidadosa», e concluem alertando: «Não é diligente quem se precipita».

Muitas pessoas oferecem a imagem de um ativismo desenfreado. Não param um instante. Vão de cá para lá, assoberbados de tarefas, numa incessante corrida atrás do tempo, que sempre se lhes torna escasso. As ocupações os envolvem como que num redemoinho. Já não são donos de si mesmos. A sua atividade — ativismo, deveria chamar-se — domina-os como um cavalo sem freio, do qual perderam completamente as rédeas.

Lembram a história daquele oficial de artilharia, inexperiente nas lidas da equitação, que certa vez quis fazer uma experiência: pediu um cavalo, acomodou-se como pôde na sela e olhou na direção noroeste, para a localidade aonde desejava dirigir-se. Meia hora depois, no mais perfeito rumo sudeste, um grupo de oficiais observa o trotezinho desajeitado do cavalo e o olhar espavorido do colega que se lhe agarra ao pescoço, e indagam com ar brincalhão: «Para onde é que você está indo?» — «Eu — responde o atribulado cavaleiro — ia para tal lugar, mas não sei para onde é que este cavalo me está levando...»

Muitos cavaleiros da agitação poderiam dizer a mesma coisa. Donas de casa que parecem uma maria-fumaça sem freio, descendo descontroladas a ladeira do dia, sacolejadas por tarefas, saídas, telefonemas, problemas de escola, pagamentos etc., literalmente arrastadas para o abismo de um permanente nervosismo e uma canseira atordoada. Ou profissionais tensos, em constante disparada, sem tempo para pensar, cuja alma de robô faz deles, mais do que trabalhadores, devoradores de tempo, autênticos «cronófagos».

Homens e mulheres desse estilo não são diligentes. São apenas agitados. Não percebem que, por trás do seu vaivém descontrolado e fatigante, estão sendo atacados por uma forma perniciosa de preguiça: a preguiça espiritual, a preguiça mental.

«O nosso século — escreve Jacques Leclercq — orgulha-se de ser o da vida intensa, e essa vida intensa não é senão uma vida agitada, porque o sinal do nosso século é a corrida, e as mais belas descobertas de que se orgulha não são as descobertas da sabedoria, mas da velocidade. E a nossa vida só é propriamente humana se nela há calma, vagar, sem que isto signifique que deva ser ociosa (…). Acumular corridas e mais corridas não é acumular montanhas, mas ventos»[13].

A diligência exige calma

A mão que segura e governa as rédeas da atividade é a reflexão. Só quem pensa serenamente nos seus deveres, na maneira de conjugá-los, nas prioridades que entre eles deve estabelecer, nos passos necessários para executá-los, é que possui o governo da ação e do tempo. Esse saberá aproveitar diligentemente cada um dos seus dias, e não será uma marionete puxada aos solavancos pelas cordas do nervosismo e da imprevidência.

Uma atividade madura e eficaz exige — como a planta necessita da terra em que se enraíza — o solo fecundo da serenidade e da meditação. É preciso que aprendamos a parar e a perguntar-nos:

Por que estou fazendo as coisas? Como é que as estou fazendo? Atiro-me cegamente numa correnteza de ocupações desordenadas? Estou fazendo realmente o que devo e do melhor modo?

Quando alguém se questiona assim, o impulso instintivo da preguiça será voltar à carga e repetir: «Não tenho tempo, não posso parar, não consigo um mínimo de tranquilidade, o tumulto das ocupações não me ‹deixa› meditar...»

Na verdade, quem não nos deixa meditar é a preguiça. É mais *fácil* escorregar pelo tobogã da rotina, mesmo que seja uma rotina febril, do que ter a coragem de se enfrentar consigo próprio, agarrar com firmeza o leme da vida e controlar energicamente o rumo da navegação.

É por isso que a diligência pressupõe uma «atenção esmerada e cuidadosa» para «apreciar» o valor dos deveres a cumprir, e para os «escolher» conscientemente, «como fruto de uma reflexão atenta e ponderada».

O homem moderno é pobre em interioridade. A ação não lhe nasce de dentro. Medita pouco e quer abranger muito. Então é quase inevitável que, num dado momento, talvez quando já chegou longe demais, se lhe tornem claras, como um soco na consciência, as palavras de Santo Agostinho: «Corres bem, mas fora do caminho».

Contaram-me certa vez a história de um homem de idade avançada, que dedicara a vida a uma brilhante atividade empresarial. Chegou a aposentadoria, e um dia — para matar o tempo — pegou no catecismo elementar de um de seus netinhos. Abriu a primeira página e começou a ler: «Quem é Deus?»...

E depois: «Para que foi criado o homem? O homem foi criado para conhecer, amar e servir a Deus neste mundo...». Duas grossas lágrimas rolaram-lhe pela face: «A minha vida foi vazia. Fiz muitas coisas, mas esqueci-me da única que valia a pena».

Talvez para que essa lição não fosse tardiamente aprendida é que Jesus dirigiu a Marta, em Betânia, aquela afetuosa censura: *Marta, Marta, andas muito inquieta e te preocupas com muitas coisas*; *no entanto, uma só coisa é necessária; Maria escolheu a melhor parte, que não lhe será tirada* (Lc 10, 39 ss).

E, qual era a melhor parte, que Jesus contrapunha ao ativismo inquieto de Marta e aos seus queixumes? Era a atitude de sua irmã Maria, tal como a descreve essa passagem do Evangelho de São Lucas: *Maria, sentada aos pés do Senhor, ouvia a sua palavra.*

É evidente que Jesus não censura o trabalho de Marta — Ele, que amou tanto o trabalho no lar de Nazaré —, nem sugere substituí-lo por uma pura passividade contemplativa. O que faz é marcar claramente a diferença que existe entre «muitas coisas» e «uma só coisa necessária».

A todos, Deus nos pede que façamos muitas coisas. Mas a única verdadeiramente necessária é que nos coloquemos sinceramente junto dEle — muitas vezes — e escutemos o que tem a dizer-nos. Assim, as «muitas coisas» unificam-se em «uma só coisa»: trabalhar cumprindo a Vontade de Deus.

Todos deveríamos ter, fossem quais fossem as nossas ocupações, uns minutos diários de calma e recolhimento para parar, pensar, orar e procurar enxergar o melhor modo — o que esteja mais de acordo com Deus — de organizarmos e realizarmos as nossas tarefas.

Meditar para agir

«Faz o que deves», para um cristão, não é o simples imperativo do dever, da obrigação. É a Vontade do seu Senhor. O que é que Deus quer que eu faça em primeiro lugar? Quais são as tarefas prioritárias no dia de hoje, aos olhos de Deus? Isto é o que interessa, o verdadeiramente «necessário».

Pensando friamente no dever, poderíamos chegar todos os dias à noite e acalmar a consciência, dizendo-nos: «Não fiz outra coisa senão trabalhar», seja na fábrica ou no escritório, no lar, na escola ou onde quer que se cumpra a obrigação cotidiana.

Em face de Deus, porém, as coisas são diferentes. O Senhor nunca vai sugerir-nos que abandonemos ou descuidemos as nossas obrigações. Mas frequentemente, se soubermos escutá-lo, dirá: hoje, o que é prioritário para ti é dar o passo decisivo para te reconciliares com o teu marido, e acabar de vez com esse mutismo causado pelo teu orgulho ferido; hoje, não deixes de procurar, lá no escritório, um momento propício para conversar com esse colega que anda cada vez mais desorientado e precisa de uma palavra amiga que o encaminhe; hoje, aproveita o intervalo do almoço, e vai consultar com um sacerdote esse problema de consciência que te atormenta, e cuja resolução já adiaste demais; hoje, começa a pôr em prática o propósito de te levantares antes, de rezar a oração da manhã com pausa e ler umas palavras do Evangelho, que sejam luz para o coração ao longo do dia...

Mas essa voz, essas «palavras» do Senhor, só podem ser ouvidas — é preciso insistir neste ponto — se soubermos recolher-nos em silêncio na presença de Deus, pensar sinceramente na nossa vida e fazer oração.

Todos os cristãos deveríamos estabelecer e manter — e defender como algo de sagrado — pelo menos dez ou quinze minutos diários dedicados à meditação e ao exame da vida na presença de Deus: de manhã, antes de iniciar as atividades; ou pouco antes de recolher-nos para descansar; ou aproveitando a possibilidade de visitar uma igreja numa hora tranquila, quando o silêncio do templo convida ao diálogo íntimo com Deus... Porque é nesses momentos que a alma, com a graça divina, se torna transparente, se liberta da terrível força centrífuga do ativismo, e consegue voltar para o seu centro, esse «centro da alma» de que falam os místicos, onde se encontra com Deus. Para quem quer escutá-lo, aí Deus sempre fala.

E a voz de Deus — como antes lembrávamos — é a que nos esclarece as prioridades e ajuda a hierarquizar, pela ordem de importância, os deveres a cumprir. Assim, estamos em condições de «escolher» com «atenção esmerada e cuidadosa». Passamos a ser diligentes.

É importante, neste ponto, perceber que o fato de um dever ser prioritário não significa, via de regra, que se lhe tenha que dedicar maior quantidade de tempo. Há duas maneiras de dar prioridade a alguma obrigação, sem necessidade de prejudicar o tempo exigido pelas ocupações habituais.

Em primeiro lugar, vive-se uma tarefa como prioritária quando se dá importância primária à *qualidade* com que se realiza. Assim, a um homem que deve trabalhar por longas horas para sustentar a família, Deus muitas vezes lhe sugerirá: no dia de hoje, é prioritário dar ouvidos às preocupações da tua esposa, dedicar uma palavra de estímulo àquele filho. Isto não significa que Ele nos peça um tempo de que não dispomos. Pede-nos, sim, que, dentro do pouco tempo disponível, demos *maior qualidade* — qualidade de carinho, de intensidade de interesse, de afabilidade — ao relacionamento com os da nossa casa. E isto é sempre possível.

Há ainda uma segunda maneira de dar prioridade a um dever, cuja importância percebemos meditando na presença de Deus: a *prioridade cronológica*. Não a que consiste — repitamos — em lhe dedicar longo tempo. Mas a que consiste em fazê-lo *quanto antes*.

Pensemos, a esse respeito, na facilidade com que empurramos para *depois* deveres que certamente julgamos primordiais. Temos consciência de que alguma coisa é importante e não pode ser largada; mas iludimo-nos, dizendo: «Mais tarde»; ou então: «Logo que me sobrar um pouco de tempo». Infelizmente, esse tipo de reações é frequente quando se trata de deveres para com Deus: missa dominical, oração etc., ou de deveres relacionados com o serviço do próximo.

Seria lamentável que reservássemos para esses deveres, que consideramos importantes — e que são ressonâncias de apelos divinos —, somente as sobras do tempo. No entanto, é isto o que fazemos com frequência: deixar o refúgio do nosso tempo para as exigências do amor de Deus e do amor ao próximo. E aí não há diligência, porque não há amor. A diligência acha sempre o modo de preservar as precedências. A diligência ama o *antes* e detesta o *depois*.

A diligência exige ordem

Estabelecer prioridades é uma das formas mais nobres da virtude da ordem: é a ordem da mente e do coração. Nos parágrafos anteriores, examinamos a necessidade de hierarquizar conscienciosamente o conjunto dos nossos deveres, abrindo espaços para todos e garantindo-lhes as precedências.

Mas, para além dessa ordenada hierarquia de preferências, o homem diligente caracteriza-se pela prática da ordem no seu sentido mais simples e corriqueiro: a organização das atividades e do tempo dentro dos horários de cada dia, a adequada planificação.

Falar nessas palavras — organização, planificação — evoca de imediato, nos tempos que correm, a frieza empresarial da produtividade e da eficiência. Parecem soluções muito boas para a indústria e o comércio, e muito ruins para o coração.

Será possível falar-se em planejamento e medições de horário quando se trata de coisas de amor? Porque, no fundo, é de *coisas de amor* que estamos falando. Ter um horário fixo para rezar ou para ler um livro de espiritualidade, reservar tempos e horários certos para trabalhos apostólicos... tudo isto não soa a constrangimento, formalismo e abafamento da espontaneidade do espírito?

Muitos pensam assim, e isso acontece porque não compreendem o verdadeiro sentido da virtude da ordem, uma virtude que precisa ser resgatada dos preconceitos que a desmerecem. Se não a reabilitarmos no nosso mundo de valores, veremos como a espontaneidade do amor e dos bons propósitos se desvanecerá em ilusões e omissões. Vejamos um pouco mais de perto este tema.

Dizíamos nas páginas anteriores que existe uma ordem negativa, a que chamávamos *ordem defensiva*. Não passa da carapaça com que se protege o egoísta. Bem sabemos que essa ordem pode tornar-se doentia e atingir requintes de neurose, de mania. Talvez já tenhamos conhecido pessoas que ficavam transtornadas porque alguém — esposa, filho, empregada — tinha tido a ousadia de deslocar em poucos centímetros a posição exata que um livro devia ocupar na mesa do escritório. Da mesma forma que não faltam os que dramatizam qualquer interferência que lhes altere o horário de sono, ou o fim de semana cuidadosamente planejado. Isto não é virtude, é doença ou egoísmo. Como não é virtude a ordem dos escravos da eficiência, que sobre o altar da «produtividade» ou do «sucesso» profissional sacrificam Deus, a saúde, a família e as amizades.

A virtude da ordem é outra coisa: por ser uma das faces da diligência, é uma maneira de praticar o amor.

Se nos perguntássemos pelos traços mais essenciais do amor, com certeza todos nós coincidiríamos em dois deles:

— primeiro: amar é *querer bem*, o que significa, por um lado, querer mesmo, querer de verdade; e, por outro, querer fazer o bem e tornar feliz — ou agradar — a pessoa amada;

— segundo: amar é dar, ou melhor, *dar-se*. Não é a procura interesseira de si mesmo, através do prazer, das satisfações ou das compensações obtidas dos outros.

Procuremos, aplicar estas ideias, simples e transparentes, a dois exemplos vivos, que ilustram o que é a ordem nascida da diligência.

Um homem está habituado a viver à margem do lar. Mulher e filhos veem chegar todas as noites um fugaz visitante cansado e mal-humorado, que só deseja não ser incomodado. Chega tarde não por necessidade, mas porque se entretém inutilmente com o serviço, ou prolonga o expediente em conversas de bar com os amigos.

Um belo dia sente a voz da consciência. Compreende que não está dando amor aos seus. E resolve fazer uma pequena modificação importante: encerrar o trabalho na hora certa e chegar a casa, no máximo, até as 18 horas, para assim dedicar-se mais à família. Faz o propósito e o cumpre. Pois bem, este *ato de ordem* é um *ato de amor*: porque *quer* sinceramente o bem dos outros, e concretiza o modo de *dar-se*.

Vejamos um segundo exemplo: um estudante (um desses católicos «comuns», que vai à Missa «quando dá») entende num dado momento a importância da oração. Como é possível — diz de si para si — amar a Deus e não falar com Ele, não ter um mínimo de intimidade. Antes, pensava vagamente que a oração era uma coisa boa, e estava disposto a fazê-la — como tantos outros — «quando tiver vontade», «quando sentir»... Agora, quer mesmo fazer oração, e reserva para isso um tempo diário, fixo e determinado. Porque *quer mesmo*, define um horário que garanta esse seu querer. Com isto, já está começando a amar, e o seu amor será mais completo quando se determinar a *dar* a Deus todos os dias, sem falta, esse pedaço do seu tempo — uns minutos de oração —, sem calcular se gosta ou tem vontade, pensando só em agradar a Deus.

Convençamo-nos de que a ordem e a disciplina que a ordem estabelece — quando brotam da meditação, da oração — não asfixiam o idealismo, a paixão nobre ou o amor. Pelo contrário, canalizam-nos e os efetivam.

Naturalmente, desde que a paixão nobre, o amor e o ideal existam e sejam uma força poderosa da alma. A ordem está a serviço dessa força, não a substitui.

Como são traiçoeiras as faltas de ordem, essas «preguicinhas» que tanto nos fazem sorrir. Parecem coisa de nada, e podem vir a ser coisa de muito. Um simples atraso, um descuido, um adiamento escorado numa boa desculpa... são outros tantos modos de fazer murchar os melhores propósitos e os mais belos ideais. Basta uma «pequena preguiça» na hora de levantar, para que a oração ou a comunhão sejam abandonadas, ou para que o trabalho seja enfrentado atabalhoadamente e sem garra.

Façamos um plano de vida, bem meditado e bem distribuído, que crie canais efetivos para todos os nossos desejos de fazer o bem; vivamos fielmente esse plano, e então entenderemos por experiência o sentido destas palavras: «Quando tiveres ordem, multiplicar-se-á o teu tempo e, portanto, poderás dar maior glória a Deus, trabalhando mais a seu serviço»[14].

A laboriosidade, irmã da diligência

«Trabalhando mais». As palavras que acabamos de citar fazem pensar num dos aspectos mais essenciais da diligência: a virtude da *laboriosidade*, que é como uma irmã gêmea da diligência.

Chama-se laborioso àquele que *ama* o trabalho, e por isso se esforça por trabalhar muito e bem. É fácil perceber que a laboriosidade é um dos flancos da diligência mais vulneráveis à preguiça. Porque o preguiçoso foge do trabalho como de um castigo, esquecido de que, já nas suas primeiras páginas, a Bíblia ensina que o trabalho é uma grande missão confiada por Deus ao homem — sua «imagem» e seu «colaborador» —, desde o dia da sua criação: *Para isso* — lemos no Gênesis — *Deus colocou o homem no paraíso, para que trabalhasse* (Gn 3, 19). As penas e fadigas do trabalho são consequência do pecado, mas o trabalho não.

O preguiçoso encara o trabalho como um fardo, do qual procura livrar-se quanto antes e de mil modos possíveis. Com essa mentalidade, é inevitável que o trabalho esteja crivado de inconstâncias e imperfeições, e que os dias se encham de tristes horas suportadas ou perdidas.

Não é laborioso quem trabalha frivolamente; quem cumpre as tarefas levianamente, sem atenção nem esmero;

quem interrompe o trabalho com qualquer desculpa, pontilhando os horários de serviço de contínuos parênteses de vazio (beber um gole de água, esticar um telefonema, hora do cafezinho); quem começa muitas coisas e nunca termina nenhuma, incapaz que é de colocar a «última pedra»[15] em nenhum dos seus empreendimentos; quem deixa a imaginação divagar e, nas asas da fantasia, sonha com grandes realizações ideais ao passo que «desgraça» as ocupações reais.

«Trabalhemos muito e bem»[16]: eis o lema da laboriosidade, que se completa com outro princípio de ação: «Faz o que deves e está no que fazes»[17].

O que entendemos por «muito trabalho», por «trabalhar muito»...? Sobre o «peso» do trabalho, a preguiça não se cansa de nos enganar, suscitando queixumes e autocompaixão: «Trabalho muito, trabalho demais, como é dura a vida». Talvez fosse bom levarmos a sério o ditado brincalhão, que alguma vez teremos lido na traseira de um caminhão: «A vida é dura para quem é mole». Reconheçamos honestamente que, com ordem e empenho, todos podemos fazer mais, muito mais do que fazemos.

O laborioso aprende a «espremer» o seu tempo, com garbo e com garra. É questão de querer. «Que esperas, pois, para aproveitar conscienciosamente todos os instantes? (...) Aconselho-te que consideres se esses minutos que te sobram ao longo do dia — bem somados, perfazem horas! — não obedecem à tua desordem ou à tua poltronice»[18].

Faz o que deves e está no que fazes. Mediante a virtude da ordem, fazemos o que devemos. A laboriosidade nos leva também a «estar» no que fazemos.

«Estar» nas tarefas significa dedicar-lhes os cinco sentidos, todas as potências: inteligência, vontade... Significa vencer habitualmente a divagação e o espírito rotineiro. Uma coisa é «trabalhar» — realizar algo de acordo com as nossas possibilidades — e outra muito diferente, embora seja infelizmente frequente, é «liquidar» os encargos de qualquer maneira.

Um excelente exercício, para ajudar-nos a cair na conta da nossa falta de laboriosidade, poderia ser perguntar-nos: esta tarefa, é *minha* mesmo? Muitas vezes deveríamos responder: não, não é *minha*, porque é *anônima*, é uma tarefa superficial que qualquer um poderia ter feito. Não traz a minha marca, porque não me entreguei a ela com toda a minha capacidade e iniciativa. Naturalmente, a «nossa marca» não é a da frívola originalidade, mas a marca inconfundível da nossa diligência, do nosso amor.

O diligente tem alma de artista

«Não é diligente quem se precipita — recordávamos acima —, mas quem trabalha com amor, primorosamente»[19].

É possível imaginar alguma coisa feita diligentemente que esteja mal acabada? Qualquer trabalho ou realização, levados a cabo com amor, são obras «acabadas» ou, como se diz familiarmente, «caprichadas». A imperfeição grosseira é uma denúncia clamorosa da falta de amor.

Não é em vão que, na linguagem comum, se utilizam algumas significativas expressões: é uma coisa muito *trabalhada* — diz-se —, é uma peça *lavrada* com primor. É sugestivo que, de uma coisa realizada com esmero muito especial, se diga simplesmente que foi «trabalhada»; e que se aplique aos requintes da arte manual o verbo «lavrar», que deriva da palavra latina *laborare*, trabalhar.

Por trás dessas expressões, oculta-se como que um sexto sentido, a intuir que a laboriosidade envolve a ideia da perfeição amorosa em tudo o que se faz.

Com efeito, a diligência — a laboriosidade — sabe «acabar» as coisas, porque sabe fazê-las *por* amor — por amor a Deus e aos outros — e *com* amor.

Se fizermos uma revisão da tapeçaria formada pelos nossos deveres cotidianos, poderemos por acaso dizer que essa tapeçaria está «trabalhada» como uma obra de arte?

Existem, por exemplo, lares bons, mas muito pouco «trabalhados», porque a rotina e a indelicadeza foram tomando conta deles — não houve renovação — como ferrugem implacável. Existem deveres profissionais pouco «trabalhados», porque foram deslizando para um monótono cumprimento, uma burocrática repetição de serviços. Existem práticas religiosas pouco «trabalhadas», porque não se renovou a fé que as acalentava alimentando-a com uma intensa formação — ou porque cristalizaram em devoções formalistas e práticas mecânicas. Existem paternidades muito pouco «trabalhadas», porque sobre o amor dos pais depositou-se a poeira do costume, abafando afetos e dedicações.

Em todos estes casos, o amor e o entusiasmo foram-se congelando entre as mãos da rotina. Cederam passagem a mil pequenos descuidos, grosserias e imperfeições, aparentemente sem importância, e com isso perderam a força da renovação, isto é, da vida.

Uma tarefa feita por inércia, sem carinho, não é só uma tarefa inacabada e imperfeita, é um corpo sem alma. Só o amor cria e renova. «Na simplicidade do teu trabalho habitual, nos detalhes monótonos de cada dia, tens de descobrir o segredo — para tantos escondido — da grandeza e da novidade: o Amor»[20].

A dupla força motriz da alma do cristão — o amor a Deus e o amor ao próximo — é poderosa para «renovar a face da terra» e conseguir o milagre de expulsar a rotina da vida cotidiana. Cada dia pode ser uma estreia, cada esforço um gesto inédito. «Toda hora o barro se refaz — diz Guimarães Rosa —, Deus ensina»[21].

Sim, Deus ensina que, para Ele, «nenhuma ocupação é em si mesma grande ou pequena. Tudo adquire o valor do Amor com que se realiza», e por isso é possível — e nisso consiste a aventura cotidiana do cristão — «transformar a prosa desta vida em decassílabos, em poesia heroica»[22].

Santo Agostinho dizia, com uma expressão muito viva, que *dilectio vacare non potest*, o amor não pode parar, não pode tirar férias. Pois bem, uma pessoa de fé e de amor tem sempre o coração em movimento, como um coração de artista, alegremente inquieto e criativo.

Nunca o artista se sente satisfeito com a obra realizada. Sempre sonha em ir além. E este sonho ativa-lhe o engenho e movimenta-lhe o braço. Elabora por dentro, cria, recria, e se entrega ao trabalho com fervor, sem medir cansaços nem fadigas. Seu braço pode extenuar-se, mas o seu coração canta. Assim deve ser o cumprimento diligente dos deveres de um cristão.

Se porventura percebemos que, no íntimo de nós, está abafada essa *alma de artista*, se caímos na conta de que a rotina está estreitando o seu cerco, afunilando sonhos, crestando ilusões, cobrindo antigos entusiasmos com a pátina de uma canseira triste, é necessário prestar muita atenção: há um sinal de alarme avisando-nos de que já caímos, ou estamos à beira de cair, numa lastimável preguiça, a preguiça do coração, o tédio da falta de amor.

Precisaremos, então, abrir bem os olhos da alma para enxergar que a rotina, a desilusão e o cansaço não são devidos — como tendemos a imaginar — ao acúmulo de tarefas, nem à repetição monótona das mesmas, nem ao desestímulo provocado por incompreensões dos que convivem ou trabalham conosco. Pelo contrário, são o efeito de uma doença da alma, que desaprendeu de amar e por isso vê tudo cinza e sente tudo insosso.

Quando acordamos para *a única coisa necessária* (Lc 10, 42), voltando-nos decididamente para Deus, haverá uma reviravolta. Tudo, até os menores detalhes do cotidiano, mudará de sentido. Onde antes víamos muros — muralhas de deveres apertando como paredes de um cárcere — passaremos a ver janelas abertas para o infinito. E onde antes a rotina nos fechava num beco, agora se rasgará uma estrada.

Não se trata de simples imagens. O amor de Deus — o impulso da graça divina — muda tudo, como o sol transforma as sombras noturnas em paisagem colorida. Guiado pela fé e o amor, o coração cristão aprende a descobrir, em cada pequeno dever, em cada um dos esforços necessários para a execução das tarefas cotidianas, uma oportunidade — cada dia renovada — de se dar mais, de servir melhor, de alcançar um novo grau de perfeição, de expressar uma generosidade mais alegre... E isto porque aprendeu a captar, nos pequenos pormenores do dia a dia, o convite de Deus. *Aquele que me segue não andará nas trevas, porque terá a luz da vida* (Jo 8, 12).

Aquelas mesmas realidades cansadas que a preguiça fazia murchar, a diligência cristã vem revigorar com viço inesgotável. Quem ama, ensina São João, *é transladado da morte para a vida* (1 Jo 3, 14). Depende de nós. Não é poupando-nos que encontraremos vida e felicidade, mas dando-nos mais e mais. Quanto mais generoso for o sacrifício e mais profunda a entrega, mais impetuosamente brotará a alegria, como um sinal da plenitude da vida.

Afinal, não é esta uma das mais límpidas e preciosas lições que Cristo nos deixou? *Quem quiser guardar a sua vida, perdê-la-á; mas quem perder a sua vida por amor de Mim, a encontrará* (Mt 16, 25).

Pontos de reflexão

Nesta matéria, como em tantas outras que configuram o ideal cristão, o que custa não é tanto aceitar as ideias, mas levá-las à prática. Uns poucos pontos concretos podem ajudar a ver o ângulo por onde começar e... continuar.

* Compreendo que uma das maiores manifestações da preguiça em mim é a indiferença ou apatia na luta contra os meus defeitos? Concretizo as ocasiões em que devo enfrentar as minhas inclinações erradas: onde, quando, como?

* Sou consciente de que, sem um plano de vida diário, a minha vida será uma coleção inútil de vagos desejos de ser um bom cristão? Nesse plano, estabeleço com prioridade *qualitativa* um tempo dedicado à oração, à leitura do Evangelho, a uma visita ao Santíssimo Sacramento, ao exame de consciência?

* Faço o que devo, hoje e agora? Percebo que, muitas vezes, esse «hoje e agora» consiste em enfrentar uma tarefa desagradável, custosa ou espinhosa, humilde ou mesmo humilhante — mas que terá o sabor alegre e fecundo do dever cumprido e da caridade de Cristo? Vejo que o tempo da graça é *agora*?

* O meu dia é agitado ou sereno, o meu trabalho arrastado ou intenso, desleixado ou competente e bem acabado? Procuro *espremer* o minuto de sessenta segundos?

* Habituo-me, no meio das minhas ocupações, a buscar o olhar divino, que me dê paz e ânimo para cumprir o dever de cada momento, que torne a minha jornada uma tarefa do coração, e não a escória do egoísmo, o subproduto do orgulho, a claudicação perante o comodismo?

* Omito-me na educação religiosa dos filhos? Omito-me em conversar com os amigos e colegas sobre Deus e a prática da vida cristã? Omito-me nas obras de misericórdia que estejam ao meu alcance? É a minha vida um conjunto de omissões?

* Queixo-me do excesso de trabalho? Não percebo que, quando tiver mais ordem, multiplicar-se-á o meu tempo? Lembro-me daquele claro pensamento (cf. *Sulco*, n. 238): «Basta-me ter diante de mim um Crucifixo para não me atrever a falar dos meus sofrimentos?»

NOTAS

(1) Josemaria Escrivá, *É Cristo que passa*, 5ª ed., Quadrante, São Paulo, 2018, p. 6; (2) Josef Pieper, in: Leclercq-Pieper, *De la vida serena*, 3ª ed., Rialp, Madri, 1965, p. 75; (3) São Tomás de Aquino, *Suma Teológica*, II-II, q. 31, a. 1; (4) Josef Pieper, *Las virtudes fundamentales*, Rialp, Madri, 1976, p. 395; (5) Antoine de Saint-Éxupéry, *O Pequeno Príncipe*, 25ª ed., Agir, Rio de Janeiro, 1983, p. 37 e segs.; (6) Salvatore Canals, *Reflexões espirituais*, Quadrante, São Paulo, 1985, p. 137; (7) João Guimarães Rosa, *Grande Sertão: Veredas*, 3ª ed., Livraria José Olympio, Rio de Janeiro, 1963, *passim*; (8) Rabano Mauro, *De ecclesiastica disciplina*, livro IIIº; cf. S. *Th.*, II-II, q. 35, a. 1; (9) Josemaria Escrivá, *Caminho*, 11ª ed., Quadrante, São Paulo, 2016, nn. 251, 253 e 254; (10) São Gregório Magno, *Regula pastoralis*, parte III, cap. XV; in: *Obras*, BAC, Madri, 1958, p. 174; (11) Georges Chevrot, *As pequenas virtudes do lar*, 5ª ed., Quadrante, São Paulo, 2015, p. 74; (12) Josemaria Escrivá, *Amigos de Deus*, 4ª ed., Quadrante, São Paulo, 2018, p. 64; (13) Jacques Leclercq, in: *De la vida serena*, pp. 19 e 20; (14) *Caminho*, n. 80; (15) *Caminho*, n. 42; (16) Josemaria Escrivá, *Sulco*, 4ª ed., Quadrante, São Paulo, 2016, n. 497; (17) *Caminho*, n. 815; (18) *Sulco*, n. 509;

(19) *Amigos de Deus*, p. 64; (20) *Sulco*, n. 489; (21) João Guimarães Rosa, *Corpo de baile*, 2ª ed., Livraria José Olympio, Rio de Janeiro, 1960, p. 513; (22) *Sulco*, ns. 487 e 500.

Direção geral
Renata Ferlin Sugai

Direção de aquisição
Hugo Langone

Direção editorial
Felipe Denardi

Produção editorial
Juliana Amato
Gabriela Haeitmann
Karine Santos
Ronaldo Vasconcelos

Capa
Provazi Design
Karine Santos

Diagramação
Sérgio Ramalho

ESTE LIVRO ACABOU DE SE IMPRIMIR
A 23 DE MAIO DE 2025,
EM PAPEL OFFSET 90 g/m².